BEI GRIN MACHT SICH IHR WISSEN BEZAHLT

- Wir veröffentlichen Ihre Hausarbeit, Bachelor- und Masterarbeit
- Ihr eigenes eBook und Buch - weltweit in allen wichtigen Shops
- Verdienen Sie an jedem Verkauf

Jetzt bei www.GRIN.com hochladen und kostenlos publizieren

GRIN

Bibliografische Information der Deutschen Nationalbibliothek:

Die Deutsche Bibliothek verzeichnet diese Publikation in der Deutschen Nationalbibliografie; detaillierte bibliografische Daten sind im Internet über http://dnb.d-nb.de/ abrufbar.

Impressum:

Druck und Bindung: Books on Demand GmbH, Norderstedt Germany
ISBN: 9783668672888

Dieses Buch bei GRIN:

https://www.grin.com/document/418187

Taktiker Vakuum

Netzwerküberwachung mit dem Simple Network Management Protocol

GRIN Verlag

FOM Hochschule für Ökonomie

und Management Essen

Standort Aachen

Berufsbegleitender Studiengang Wirtschaftsinformatik

4. Semester

Wissenschaftliche Hausarbeit im Rahmen der Veranstaltung

„IT-Infrastruktur" über das Thema:

Netzwerküberwachung mit dem Simple Network Management Protocol

Abgabedatum:

12.08.2016

Inhaltsverzeichnis

Abkürzungsverzeichnis

SNMP	Simple Netzwork Management Protocol
IETF	The Internet Engineering Task Force
RFC	Request for Comments
TCP/IP	Transmission Control Protocol/Internet Protocol
NMS	Network Management System
UDP	User Datagram Protocol
PDU	Protocol Data Unit
MIB	Management Information Base
MO	Managed Objects
OID	Object Identifier
SMI	Structure of Management Information
ASN.1	Abstract Syntax Notation One
IANA	Internet Assigned Numbers Authority
IPv4	Internet Protocol Version 4
SNMPv1	Simple Network Management Protocol Version 1
SNMPv2	Simple Network Management Protocol Version 2
SNMPv3	Simple Network Management Protocol Version 3
ARP	Adress Resolution Protocol
SNMPv2p	Simple Network Management Protocol Version 2 party-based
SNMPv2u	Simple Network Management Protocol Version 2 user-based
SNMPv2c	Simple Network Management Protocol Version 2 community-based
USM	User Security Model
HMAC	Keyed Hash Message Authentication Code
MD5	Message Digest Algorithm 5
SHA-1	Secure Hash Algorithm 1
MAC	Message Authentication Code
AES	Advanced Encryption Standard
DES	Data Encryption Standard

Abbildungsverzeichnis

1 Einleitung

Diese wissenschaftliche Arbeit soll einen grundlegenden Überblick über das Simple Network Management Protocol zur Überwachung von Netzwerkgeräten geben.
Der Aufbau der Arbeit ist so strukturiert, dass zu Beginn kurz auf die Entstehungsgeschichte von SNMP eingegangen wird. Danach folgen die Rahmenbedingungen die für den Einsatz des SNMP zur Netzwerküberwachung gegeben sein müssen. Anschließend werden grundlegende Kommunikationsbefehle und die Management Information Base beschrieben. Im Letzten Kapitel erfolgt eine detailierte Beschreibung der SNMP-Versionen. Hierbei wird der Paketaufbau von SNMP erläutert und allgemeine Schwachstellen von SNMP in der Version 1 beschrieben. Zum Schluss werden die Unteschiede zu den Nachfolgerversionen dargestellt.

2 Simple Network Management Protocol

2.1 Geschichte

Da heutzutage die Effizienz eines Unternehmens von deren eingesetzten Netzwerk-Technologie abhängt, ist es unabdingbar Komponenten wie z.B. Switche, Router und Server hinsichtlich Ihrer Funktionalität zu überwachen. Da auf dem Markt zahlreiche Hersteller mit unterschiedlichen Geräten werben, wurde Ende der 80ger Jahre von der IETF (The Internet Engineering Task Force) ein Standard zur Überwachung und Steuerung dieser Geräte entwickelt. Ziel dieser Organisation ist es, hoch qualitative und technische Dokumente anzufertigen, auch bekannt als RFC-Textdatei (Request for Comments), um u.a. eine Standardisierung der im Internet eingesetzten Protokolle zu erreichen.[1]
Das im Jahre 1988 von der IETF publizierte RFC 1067, mit dem Titel „Simple Network Management Protocol", setzte sich als Ziel, die hier eingesetzte SNMP-Architektur so unabhängig wie möglich von der Architektur bzw. des Mechanismus des Gastgebers zu gestalten.[2] Das somit damals angestrebte Ziel der Unabhängigkeit sorgte dafür, dass fast alle Hersteller heutzutage das SNMP-Protokoll auf Ihren Geräten unterstützen und diese somit überwacht und gesteuert werden können.

---

[1] RFC 3935, S. 1
[2] RFC 1067, S. 4 f.

2.2 Rahmenbedingungen für SNMP

Das Simple Network Management Protocol gehört zu der TCP/IP (Transmission Control Protocol/Internet Protocol) Familie. Dabei handelt es sich um ein Protokoll für die Anwendungsschicht, mit dessen Hilfe Verwaltungsinformationen zwischen Netzwerkgeräten ausgetauscht werden können. Die Voraussetzungen dafür setzen sich aus drei wesentlichen Komponenten zusammen.

- Geräte (z.B. Router, Switche, Server, Computer)
- Agenten
- Network Management System (NMS)

Bei den Geräten handelt es sich um Netzwerkknoten auf denen SNMP-Agenten ausgeführt werden. Diese SNMP-Agenten sind Programme, die Informationen über den Host erfassen, manipulieren und bereitstellen können. Sie bilden die Schnittstelle mit dem zentralen Netzwerkmanagement, das über das User Datagram Protocol (UDP) bei Bedarf Informationen über die Geräte via SNMP abfragen kann. Das NMS führt Anwendungen aus, um verwaltete Geräte zu überwachen und zu steuern. Zudem stellt das System Bearbeitungs- und Speicherressourcen bereit, um empfangene Informationen verarbeiten, speichern und illustrieren zu können.

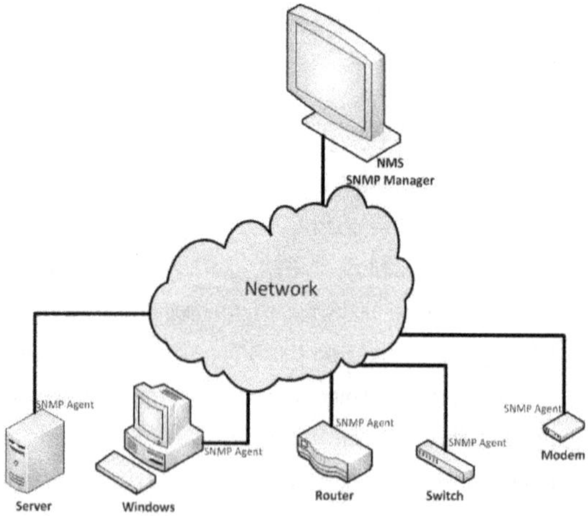

Abbildung 1 Client-Serverkommunikation mittels SNMP[3]

[3] How to Install SNMP Agent 2013

2.3 Kommunikation zwischen Agenten und Netzwerkmanagement

Die Kommunikation zwischen Agenten und Netzwerkmanagement werden über sechs grundlegende Befehle abgewickelt. Um die Netzwerkbelastung möglichst gering zu halten stützt sich die Kommunikation zwischen Agenten und NMS auf das verbindungslose UDP-Protokoll. Anfragen an den Agenten werden über UDP Port 161 und Meldungen asynchron an das NMS über UDP Port 162 abgewickelt.[4]

2.3.1 Get, GetNext, GetBulk, Response

Jede SNMP-Nachricht enthält eine Protocol Data Unit (PDU). Diese PDUs dienen der Kommunikation zwischen NMS und Agenten. SNMP definiert hierbei unterschiedliche PDU-Typen wie z.B. „Get", „Getnext", „Set" und „Response".
Mit dem Befehl „Get" kann das Netzwerkmanagementsystem einen Datensatz vom Agenten anfordern, mit dem Befehl „GetNext" den nächsten Datensatz und mit dem Befehl „GetBulk" Datensätze am Stück.
Diese Anfragen werden vom Agenten entgegengenommen. Es folgt ein „Response Paket" das entweder die angeforderten Informationen oder eine Fehlermeldung enthält. Diese Befehle werden in erster Linie dazu genutzt verwaltbare Geräte auszulesen und somit zu überwachen.[5]

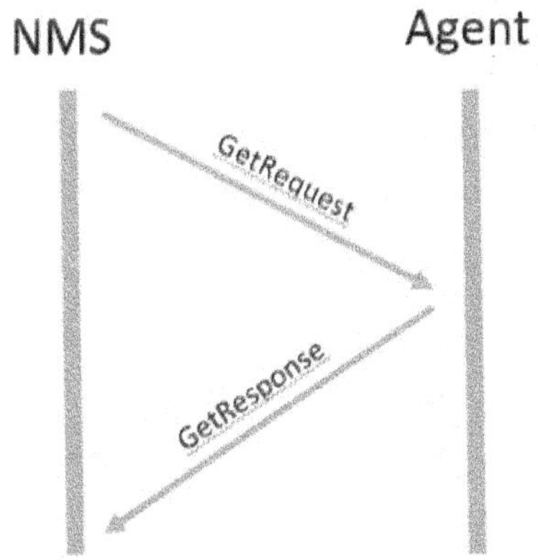

Abbildung 2 Beispiel Get-Kommunikation

[4] RFC 1157, S. 16
[5] RFC 1157, S. 20f.-24

2.3.2 Set

Der „Set" Befehl dient der Steuerung von Geräten. Werte von verwalteten Geräten können manipuliert und gespeichert werden. Die Bestätigung oder Abweisung der Anfrage erfolgt wieder seitens des Agenten über ein „Response Paket".

2.3.3 Trap

Um dem NMS Ereignisse seitens des Agenten unaufgefordert mitzuteilen, wird das „Trap Paket" verwendet. Beim Auftreten von Fehlern auf dem zu überwachenden Gerät schickt der Agent ein „Trap-Paket" an das NMS, dass jedoch nicht quittiert wird. Somit weiß der Agent nicht, ob das Paket bei dem NMS angekommen ist.[6]

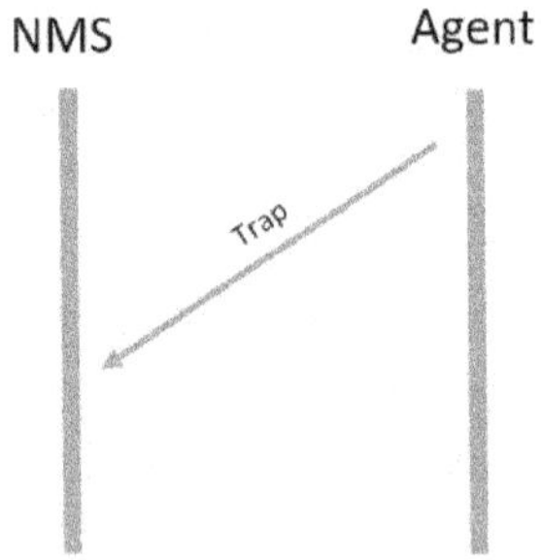

Abbildung 3 Beispiel Trap

2.4 Management Information Base

Um den Zugriff auf Informationen SNMP-fähiger Geräte herstellerübergreifend zu gewährleisten, wurde die Management Information Base (MIB) als Standardformat zur Beschreibung von Geräteinformationen entwickelt.
Die Management Information Base beinhaltet eine Sammlung von Managementinformationen, die in einer standardisierten Baumhierarchie aufgelistet werden. Der Zugriff erfolgt über das Netzwerkmanagement Protokoll SNMP. MIBs setzen sich aus Managed Objects (MO) zusammen die über Object Identifiers (OID) eindeutig identifiziert werden können. Die MIB dient hierbei als eine Art Adressverzeichnis in der die Manged Objects abgelegt und gespeichert werden. Sie enthält keinerlei Daten, sondern beschreibt nur wo sich diese befinden. Die Daten liegen bei den SNMP-fähigen Geräten.[7] Eine MIB wird als ASCCI-Datei in der Structure of Management Information (SMI) Syntax geschrieben. Sie definiert die Regeln für das

[6] RFC 1157, S. 25–27
[7] Abeck 2009, S. 64

Beschreiben von Informationen mittels der abstrakten Beschreibungssprache Abstract Syntax Notation One (ASN.1).[8] Die folgende Abbildung illustriert einen MIB2-Tree.

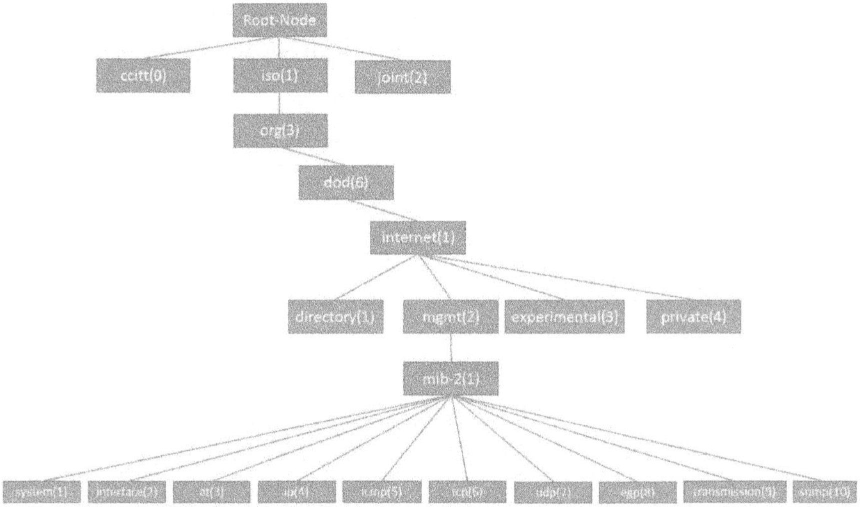

Abbildung 4 MIB2-Tree Beispiel[9]

2.4.1 Managed Objects

Managed Objects stellen beliebig viele Eigenschaften SNMP fähiger Geräte bereit. Über jedes Objekt werden Angaben zur Syntax (Objekttyp), Access (Zugriffsberechtigung), Status, Description (Beschreibung) und Position im MIB-Baum gemacht.[10] Dies wird in der folgenden Abbildung dargestellt.

```
ifNumber OBJECT-TYPE
         SYNTAX  INTEGER
         ACCESS  read-only
         STATUS  mandatory
         DESCRIPTION
                 "The number of network interfaces (regardless of
                 their current state) present on this system."
         ::= { interfaces 1 }
```

Abbildung 5 Objekt-Beispiel[11]

---

[8] Struktur der Managementinformation
[9] RFC 1213, S. 13–60
[10] RFC 1155, S. 10
[11] MIB2 Ausschnitt

Es wird zwischen skalaren und tabellarischen Objekten unterschieden. Abbildung 6 illustriert einen MIB2-Tree Ausschnitt.

Ein Beispiel für ein skalares Objekt ist *ifNumber*, das als einzige Objektinstanz den ganzzahligen Wert der zur Verfügung stehenden Netzwerkinterfaces angibt. Währenddessen besteht das Objekt *ifTable* aus mehreren zusammengehöhrenden Objektinstanzen. Jede dieser Instanz liefert abhängig von dem Ergebnis *ifNumber* detaillierte Informationen über diese Interfaces.[12]

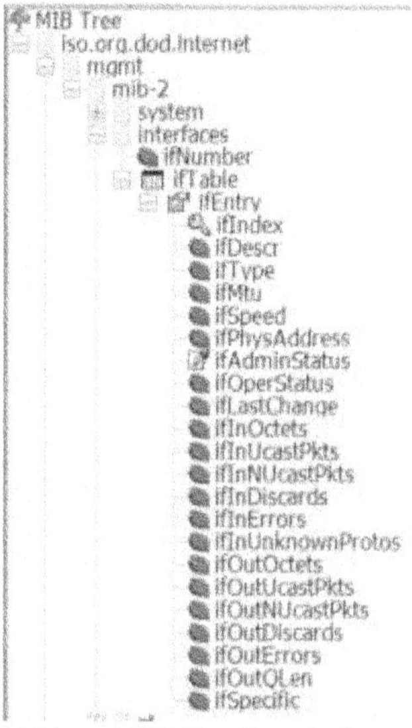

Abbildung 6 MIB-Tree Ausschnitt

2.4.2 OID-Object Identifier

Über die OID kann ein NMS auf die Objektwerte eines Agenten zugreifen, diese abfragen bzw. manipulieren. Die OID kann entweder als Zahlenreihe oder String dargestellt werden. Sie beschreibt dabei den Weg durch die hierarchische Baumstruktur der MIB. Um die OID des Objektes *ifNumber* im vorangegangen Beispiel zu ermitteln verkettet man angefangen an der Wurzel des MIB-Trees alle Zahlen oder Strings bis hin zum gewünschten Objekt. Daraus würde sich folgende OID ergeben: .1.3.6.1.2.1.2.1. Veanschaulicht wird dies in Abbildung 7.

---

[12] Abeck 2009, S. 44–66

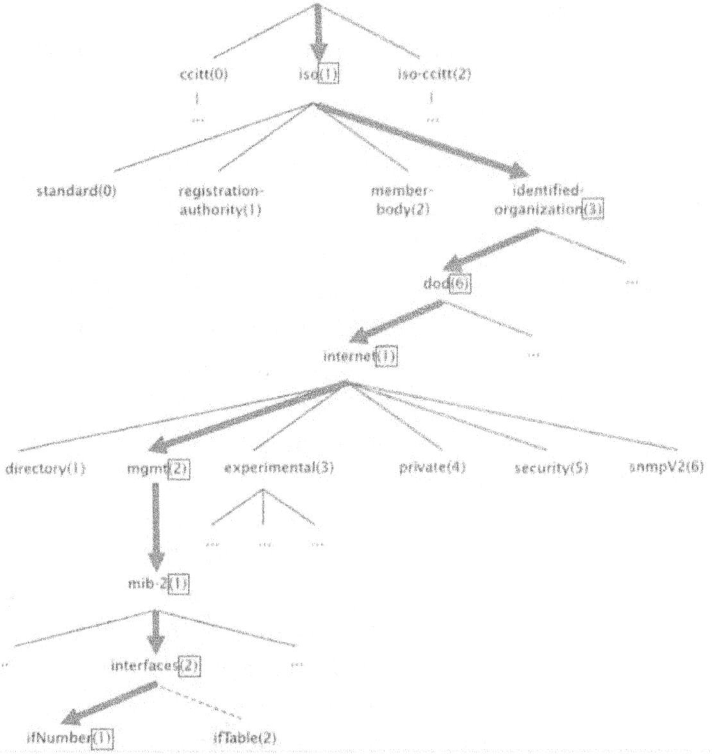

Abbildung 7 MIB-Tree OID-Beispiel[13]

OIDs liefern somit herstellerübergreifend die Position der abzufragenden Information. Im folgenden Beispiel wird die *SystemDescription* zweier völlig unterschiedlicher Systeme abgefragt.

Beim ersten Gerät handelt es sich um einen FibreChannel Switch der Firma Qlogic. Ergebnis der Abfrage (OID .1.3.6.1.2.1.1.1.0): SANbox 1400 FC Switch

Abbildung 8 OID-Abfrage Qlogic Switch

---

[13] Abeck 2009, S. 65

Beim zweiten Gerät handelt es sich um einen Ethernet Switch der Firma Juniper Ergebnis der Abfrage (OID .1.3.6.1.2.1.1.1.0): Juniper Networks, Inc. Ex2200-24t

Abbildung 9 OID-Abfrage Juniper Switch

Dieses Beispiel verdeutlicht, dass obwohl es sich hierbei um zwei völlig unterschiedliche Geräte von unterschiedlichen Herstellern handelt, dass die Daten auf den Geräten gespeichert sind und nicht in der MIB. Die Informationen sind jedoch bei allen Geräten immer an der gleichen Stelle zu finden. Womit das zu Beginn angestrebte Ziel seitens der IETF, die eingesetzte SNMP-Architektur so unabhängig wie möglich von der Architektur bzw. des Mechanismus des Gastgebers zu gestalten, erreicht wurde.

2.5 Internet Assigned Numbers Authority

Die Internet Assigned Numbers Authority (IANA) ist eine Non-Profit-Institution die u.a. die Zuordnung zwischen Namen und Nummern im Internet verwaltet. Dabei agiert sie als eine Art Koordinator. Zu den Hauptaufgaben der Firma zählen die Verwaltung und Vergabe des öffentlichen IPv4-Adressbestandes, die Namensauflösung inklusive der Publikation von Root-Nameservern, Zuordnung der Top-Level-Domains, sowie die Verwaltung standardisierter Ports und die Spezifikation von Netzwerkprotokollen.[14] Letzteres wird in Zusammenarbeit mit der IETF koordiniert.[15] Generell stellen SNMP-fähige Geräte ihre Standard-OIDs immer über den Iso.identifiedorganization.dod.internet.mgmt.mib-Version.[…],(.1.3.6.1.2.1.[…]) Pfad zur Verfügung. Neben den nach RFC definierten MIBs kann jeder Hersteller auch eigene private MIB-Module anlegen, die sich nach den speziellen Eigenschaften des Produktes ausrichten. Herstellerspezifische OIDs werden unter dem Zweig iso(1).org(2).dod(6).internet(1).private(4).enterprise(1).[Herstellernummer].[…] angelegt. Die eindeutige Herstellernummer kann bei der IANA beantragt werden. Stand 01.08.2016 haben sich 48.279 Hersteller bereits registriert.[16]

---

[14] IANA
[15] IANA, S. 8
[16] IANA

2.6 SNMPv1, SNMPv2, SNMPv3

Von 1990 bis 2002 wurden mehrere verschiedene SNMP Versionen publiziert. In den folgenden Kapiteln werden die Versionen näher beschrieben, die Unterschiede erläutert und daraus resultierende Vor- und Nachteile dargestellt.

2.6.1 SNMPv1

Die erste Version von SNMP wurde 1990 in dem RFC 1157 definiert und zählt dank seiner Simplizität bis heute noch als weit verbreitet.
Ein großer Bestandteil der RFC1157 beschränkt sich auf die unterschiedlichen Kommunikationswege, über die die MIBs eines Agenten seitens des NMS abgerufen oder verändert werden können. Um die Anforderungen an das Transportschicht-Protokoll gering zu halten, wird, wie bereits im Kapitel 2.3 beschrieben, das UDP-Protokoll zum Nachrichtenaustausch zwischen Agenten und NMS, eingesetzt. Da es sich bei dem UDP-Protokoll um ein verbindungloses Transport-Protokoll handelt reagiert es tolerant auf Fehler. Dadurch, dass im Vergleich zu TCP der UPD-Paket-Header kleiner ist, fällt die zusätzliche Belastung des Netzwerks, verursacht durch die Kommunikation zwischen NMs und Agenten, marginal aus. SNMP-Anfragen werden über UPD Port 161 und SNMP Nachrichten über UDP Port 162 abgewickelt. SNMPv1 verwendet sogenannte „Communities" zur Authentifizierung. Dabei handelt es sich um eine Art Pre-Shared Key der sowohl beim NMS als auch beim Agenten hinterlegt wird. Der Agent definiert hierbei lediglich den Community-Namen und die Zugriffsberechtigung, die ein NMs auf Managed Objects erhält. Weit verbreiteter Standard sind die Communities „public" mit der Berechtigung „read-only" und „private" mit der Berechtigung „read-write". Dadurch entsteht eine große Sicherheitslücke, da SNMPv1 keine effektive Möglichkeit zur Authentifizierung und Verschlüsselung bietet. Sämtliche Kommunikation die über SNMPv1 abgewickelt wird, erfolgt unverschlüsselt über das Netzwerk. Somit können auch, selbst wenn komplexe Community-Namen verwendet werden, diese einfach abgehört werden.[17]. Folgende Abbildung verdeutlicht, dass der Community-Name im Klartext übertragen wird.

[17] Schwenkler 2006, 135 f.

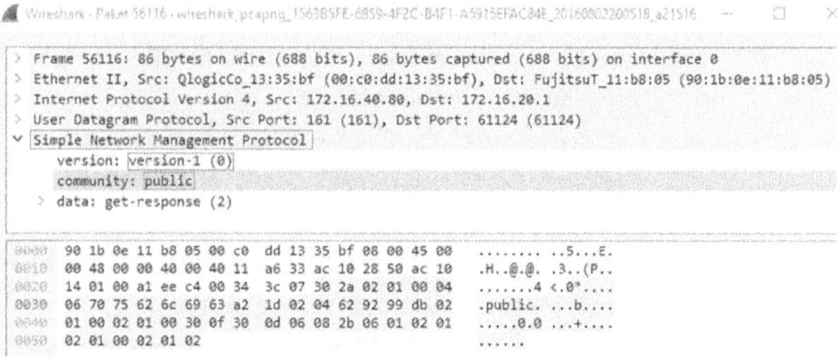

Abbildung 10 Sniffing-Beispiel Wireshark

Um das Sicherheitsrisiko geringfügig zu mindern, können feste IP-Adressen definiert werden, denen es erlaubt ist Anfragen an den SNMP-Agenten zu stellen. Durch Techniken wie ARP-Spoofing lässt sich dieser Mechanismus jedoch auch ohne weitere Probleme aushebeln.

2.6.1.1 Aufbau SNMP-Paket

Jedes SNMP Paket setzt sich aus vier Teilen zusammen auf die in den nächsten Kapiteln näher eingegangen wird. Als Veranschaulichung dient die Gegenüberstellung einer Anfrage seitens des NMS an einen Agenten und dessen Antwort. Bei der Anfrage handelt es sich um die OID-Abfrage *ifNumber* dessen Ergebnis in den nachfolgenden Grafiken abgebildet ist.

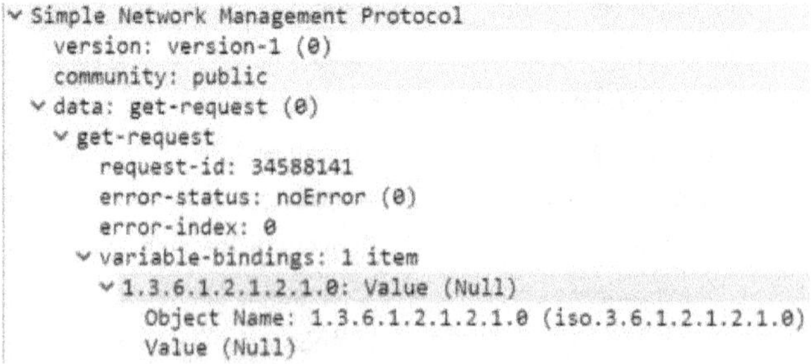

Abbildung 11 SNMP-Paketaufbau, get-request *ifNumber*

2.6.1.2 SNMP-Paket-Header

Der SNMP-Paket Header besteht zum einem aus der eingesetzten SNMP-Version (SNMPv1, SNMPv2, SNMPv3) und zum anderen aus dem Community-Namen.

```
v Simple Network Management Protocol   v Simple Network Management Protocol
    version: version-1 (0)                 version: version-1 (0)
    community: public                      community: public
```

Abbildung 12 Anfrage(get-Request) / Antwort(get-Response)

2.6.1.3 PDU-Header

Der PDU-Header besteht aus drei Teilen. Zum einem besteht der PDU-Header aus den Pakettypen, die RequestID und dem Fehlerstatus und Fehlerindex. Der Paket Typ gibt an, um welche PDU es sich handelt (get, getnext, set, Response, usw.). Die RequestID wird benötigt, damit der Agent Antworten auf gestellte Anfragen seitens des NMS richtig zuordnen kann. Im Get-Request und Get-Response Paket sind diese somit identisch. Der Fehlerstatus und -index hingegen werden dazu verwendet, um dem NMs mitzuteilen, warum eine Anfrage nicht beantwortet werden konnte. Es tritt bei der Abfrage kein Fehler auf solange error-status ungleich Null ist.

```
v data: get-request (0)            v data: get-response (2)
  v get-request                      v get-response
      request-id: 34588141               request-id: 34588141
      error-status: noError (0)          error-status: noError (0)
      error-index: 0                     error-index: 0
```

Abbildung 13 Anfrage(get-Request) / Antwort(get-Response)

2.6.1.4 PDU-Body

Im PDU-Body ist das eigentliche Ergebnis der Abfrage entahlten. Der Name wird als OID dargestellt. Sollte ein entsprechender Wert vorhanden sein, wird dieser der OID zugeordnet.[18]

```
v variable-bindings: 1 item              v variable-bindings: 1 item
  v 1.3.6.1.2.1.2.1.0: Value (Null)        v 1.3.6.1.2.1.2.1.0:
      Object Name: 1.3.6.1.2.1.2.1.0             Object Name: 1.3.6.1.2.1.2.1.0
      Value (Null)                               Value (Integer32): 2
```

Abbildung 14 Anfrage(get-Request) / Antwort(get-Response)

[18] Dinger 2008, S. 88–89

Folgende PDUs werden von SNMPv1 unterstützt.

- Get
- GetNext
- Set
- Response
- Trap

2.7 SNMPv2

Resultierend aus der vor allem mangelnden gebotenen Sicherheit von SNMPv1 und anderen diversen Schwächen, entstanden seit 1992 diverse Weiterentwicklungen. Darunter befinden sich SNMPv2p (Party-based SNMP)[19], SNMPv2u (User-Based SNMP)[20] und schlussendlich die finale Version SNMPv2c (Community-Based SNMP).[21] SNMPv2c hat sich in der Praxis durchgesetzt und repräsentiert-den Namen SNMPv2. Ziel dieser Erweiterung war es die Schwachstellen von SNMPv1 zu beseitigen.
Der Versuch seitens der IETF die Sicherheitsmängel von SNMPv1 zu beheben schlugen jedoch mit dem Versuch SNMPv2p und SNMPv2u fehl. Hierbei wurden sehr komplexe Sicherheits- und Administrations-Mechanismen eingebaut. Aufgrund der Komplexität fanden diese Versionen in der Industrie keine Unterstützung. Daher wurde dieser Ansatz des Sicherheitskonzeptes wieder fallen gelassen. Die finale Version SNMPv2c setzte wieder auf die schon bekannten Community-Namen aus der SNMPv1. Das Ziel einer verbesserten Sicherheit schlug somit vorerst fehl.[22] Ein weiteres Ziel, dass durch den Einsatz von SNMPv2 erreicht werden sollte, belief sich auf die Optimierung der Netzwerkauslastung, verursacht durch die Kommunikation zwischen NMs und Agenten. Da bei SNMPv1, das NMs mithilfe des Get-PDUs nur einzelne Werte des Agenten abfragen kann, steigt die Netzwerkauslastung bzw. die Latenzzeiten bedingt durch viele kleine Anfragen drastisch an. Um dieser ineffizienten Kommunikationsweise entgegenzuwirken wurde SNMPv2 u.a. um einen neuen Grundbefehl *GetBulk* ergänzt, mit dem es möglich

---

[19] RFC 1446
[20] RFC 1910
[21] RFC 1901
[22] Dinger 2008, 91 f.

ist bei einer Anfrage gleich mehrere Werte abzufragen.[23] Um den Unterschied dieser neuen Funktionalität darzustellen dient das folgende Beispiel.
Verglichen wird eine Abfrage eines einzelnen Wertes (get) mit einer Abfrage von zehn Werten (getBulk). Vergleicht man die Paketgröße in der nachfolgenden Abbildung (Spalte: Paketgröße in Bytes), so wird schnell deutlich, dass es sich bei dem Get-Bulk PDU um eine effektivere Abfragemethode handelt.

- SNMPv1 Get-Response: Paketgröße 86 byte bei einem gelieferten Wert.
- SNMPv2c Get-Response: Paketgröße 256 byte bei zehn gelieferten Werten.

Protocol	Version	Paketgröße in Bytes	PDU	Anzahl Werte
SNMP	version-1	85	get-request	1
SNMP	version-1	86	get-response	1
SNMP	v2c	85	getBulkRequest	1
SNMP	v2c	256	get-response	10

Abbildung 15 Paketgrößenvergleich SNMPv1 Get vs Snmpv2c GetBulk

2.8 SNMPv3

Mit der dritten Version des SNMP wurden die bisher publizierten Versionen zusammengefasst und weiterentwickelt. Hauptziel dieser Entwicklung war es, bereits existierende Ansätze zu ergänzen, um somit einen Sicherheitsmechanismus anzubieten der Verschlüsselungen, Authentifizierungen und Zugriffskontrollen ermöglicht. Ein weiteres Ziel war die Auflösung der Komplexität eben solcher Sicherheitsmechanismen die zuvor von der Industrie abgelehnt wurden.[24]

2.8.1 Authentifizierung, Datenintegrität, Verschlüsselung

Das sogenannte User Security Model (USM) wird in der RFC 3414 definiert und beinhaltet zwei Funktionen. Zum einem die Verschlüsselung der SNMP-Nachrichten und zum anderen eine Authentifizierungsmöglichkeit.
Insgesamt werden drei unterschiedliche Kombinationsmöglichkeiten angeboten:

- Ohne Authentifizierung und ohne Verschlüsselung (NoAuthNoPriv)
- Mit Authentifizierung und ohne Verschlüsselung (AuthNoPriv)
- Mit Authentifizierung und mit Verschlüsselung (AuthPriv)

---

[23] Dinger 2008, S. 91
[24] Dinger 2008, S. 92

Hierbei bietet die letzte Ausführung die größte Sicherheit.

Zur Authentifizierung von Nachrichten wird auf das Keyed-Hash Message Authentication Code (HMAC) Verfahren zurückgegriffen. Als kryptographische Hashfunktion dient hierbei der Message-Digest Algorithm 5 (MD5) oder der Secure Hash Algorithm 1 (SHA-1). Errechnet wird der HMAC mit eben einer solchen Hashfunktion in Kombination mit einem geheimen Schlüssel eines Benutzers (authKey) der dem Sender und Empfänger bekannt sein muss. Ziel hierbei ist die Verifizierung der Authentizität und Datenintegrität. Das Ergebnis des HMAC-Verfahrens, auch MAC (Message Authentication Code) genannt, wird mit dem geheimen Schlüssel an die zu versendende SNMP-Nachricht angehangen. Der Empfänger erhält die Nachricht und den geheimen Schlüssel und errechnet mittels des HMAC-Verfahrens ebenfalls den MAC. Anschließend wird die eigens errechnete MAC mit der angehängten MAC verglichen. Sollte diese nicht übereinstimmen, wird die Nachricht verworfen, da man davon ausgehen kann, dass die Nachricht auf dem Weg vom Sender bis hin zum Empfänger manipuliert wurde. Sollte die MAC jedoch mit der eigens kalkulierten MAC übereinstimmen, so wurde die Nachricht auf dem Transportweg nicht manipuliert. Dadurch, dass nur dem NMS und dem Sender der authKey bekannt ist, weiß das NMS, dass die Nachricht auch von gewünschten Sender abstammt. Damit die Nachrichten nicht mehr im Klartext über das Netzwerk übertragen werden, unterstützt SNMPv3 zwei unterschiedliche symmetrische Ver- und Entschlüsselungsmethoden. Zum Einsatz kommen das Advanced Encryption Standard (AES) Blockchiffre oder das Data Encryption Standard (DES). Mit diesem Verfahren soll die Vertraulichkeit gewährleistet werden.[25]
Desweiteren untersützt SNMPv3 Zugriffskontrollmechaniken. Diese Mechaniken werden anhand des folgenden Beispiels näher erläutert. Mit dem Release von SNMPv3 können auf SNMP-Geräten Gruppen erstellt werden. Diese Gruppen können die Zugriffe auf die MIB eines Gerätes steuern. Einer Gruppe können beliebig viele OIDs zugeteilt werden, auf die später ein NMS Zugriff erhalten soll. Zugriffe von außen auf OIDs, die nicht in dieser Gruppe enthalten sind, werden verweigert. Im gezeigten Beispiel wird eine Gruppe namens „reader“ erstellt der die OID 1.3.6.1.2.1.2.2 zugeteilt wird.

---

[25] Dinger 2008, 95 ff.

```
3524GT#snmp-server view reader 1.3.6.1.2.1.2.2 storage-type nonvolatile
```

Abbildung 16 Beispiel Switch SNMP Gruppe mit OIDs definieren

Damit ein NMS auf freigegeben OIDs zugreifen kann, muss ein Benutzer Mitglied dieser Gruppe sein. Folgende Grafik zeigt, dass ein Benutzer namens „read" erstellt wird. Für diesen Benutzer werden dann noch das Hashverfahren (SHA) und das Verschlüsselungsverfahren (AES) definiert und anschließend die Berechtigung bestimmt, die der Benutzer in der Gruppe haben soll. In diesem Fall hat der Benutzer nur Leserechte.

```
3524GT(config)#snmp-server user read sha aes read-view reader
```

Abbildung 17 Beispiel Switch Benutzer & Berechtigungen

Somit wäre die Konfiguration des Agenten abgeschlossen. Auf der Seite des NMs müssen die SNMP-Version, Zugangsdaten, Authentifizierungs- und Verschlüsselungsmethode mit denen des Agenten übereinstimmen.[26]

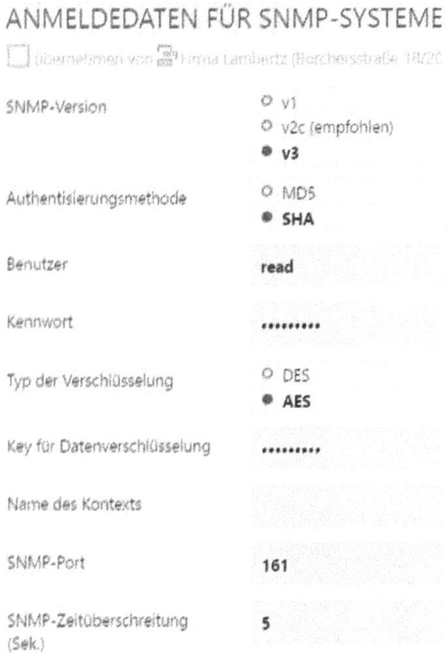

Abbildung 18 Beispiel SNMP-Zugangsdaten NMS

[26] Dinger 2008, 97 f.

3 Fazit

Trotz der vielen beschriebenen Sicherheitsrisiken und Probleme der unterschiedlichen SNMP-Versionen, ist das Protokoll weltweit stark verbreitet. Dadurch, dass die Version 1 ihrem Namen am ehesten gerecht wird, ist es universell einsetzbar und einfach zu implementieren. Fast alle Hersteller unterstützen den SNMP-Standard. Dadurch, dass es sich bei SNMP um ein verbindungsloses Protokoll handelt, wird die zusätzliche Netzwerkauslastung geringgehalten. Mehr Funktionen und Sicherheit bieten dabei die Nachfolgerversionen. SNMPv3 bietet ausreichend gute Möglichkeiten zur Authentisierung und Verschlüsselung an und behebt somit Mängel der Vorgängerversionen. Jedoch ist der Einsatz dieser Version für Administratoren eher umständlich und aufwendig. Hinzu kommt noch, dass nicht alle Hersteller SNMPv2 bzw. SNMPv3 unterstützen. Somit wirkt das Ziel einer einheitlichen Versionierung auf dem NMS als quasi unmöglich. Durch den Umstand begünstigt, dass Millionen von NMS SNMP zur Überwachung in Anspruch nehmen, wird dieser Standard noch lange eingesetzt werden.

4 Literaturverzeichnis

RFC 1067, August 1988: A Simple Network Management Protocol. Online verfügbar unter https://tools.ietf.org/html/rfc1067#section-3.1, zuletzt geprüft am 25.07.2016.

RFC 1157, 1990: A Simple Network Management Protocol (SNMP). Online verfügbar unter https://www.ietf.org/rfc/rfc1157.txt, zuletzt geprüft am 25.07.2016.

Abeck, Sebastian (2009): Network management. Know it all. Amsterdam, Boston: Elsevier/Morgan Kaufmann Publishers (Morgan Kaufmann know it all series).

RFC 3935, Oktober 2004: Best Current Practice. Online verfügbar unter https://www.ietf.org/rfc/rfc3935.txt, zuletzt geprüft am 25.07.2016.

Dinger, Jochen (2008): Netzwerk- und IT-Sicherheitsmanagement. Eine Einführung. Karlsruhe: Univ.-Verl. Karlsruhe.

How to Install SNMP Agent (2013). Online verfügbar unter http://images.google.de/imgres?imgurl=http%3A%2F%2F3.bp.blogspot.com%2F-T9l0wArbNd0%2FUa5P1jl3meI%2FAAAAAAAAAIc%2FfYTcbC6ufqg%2Fs1600%2FSNMP%252Bin%252BNetwork.png&imgrefurl=http%3A%2F%2Fmyconfigure.blogspot.com%2F2013%2F06%2Fhow-to-install-snmp-agent.html&h=574&w=680&tbnid=hbLcWYIERraXGM%3A&docid=A3rZTemD49bRYM&ei=rz-WV9-VHMGsU_TZjPgH&tbm=isch&iact=rc&uact=3&dur=1015&page=1&start=0&ndsp=19&ved=0ahUKEwifqYzqhY_OAhVB1hQKHfQsA38QMwg8KA8wDw&safe=off&bih=905&biw=838, zuletzt geprüft am 25.07.2016.

IANA: Introducing IANA. Internet Assigned Numbers Authority. Online verfügbar unter https://www.iana.org/about, zuletzt geprüft am 01.08.2016.

IANA: PRIVATE ENTERPRISE NUMBERS. Online verfügbar unter https://www.iana.org/assignments/enterprise-numbers/enterprise-numbers, zuletzt geprüft am 03.08.2016.

IANA: The IANA Functions. An Introduction to the Internet Assigned Numbers Authority (IANA) Functions. Internet Assigned Numbers Authority. Online verfügbar unter https://www.iana.org/about/informational-booklet.pdf, zuletzt geprüft am 01.08.2016.

RFC 1901: Introduction to Community-based SNMPv2. Online verfügbar unter https://tools.ietf.org/html/rfc1901, zuletzt geprüft am 04.08.2016.

RFC 1213: Management Information Base for Network Management of TCP/IP-based internets: MIB-II. Online verfügbar unter https://tools.ietf.org/html/rfc1213, zuletzt geprüft am 30.07.2016.

MIB2 Ausschnitt. Online verfügbar unter http://www.alvestrand.no/objectid/1.3.6.1.2.1.2.1.html, zuletzt geprüft am 31.07.2016.

Schwenkler, Thomas (2006): Sicheres netzwerkmanagement. Konzepte, protokolle, tools. 1. Aufl. Berlin: Springer.

RFC 1446: Security Protocols for version 2 of the Simple Network Management Protocol (SNMPv2). Online verfügbar unter https://tools.ietf.org/html/rfc1446, zuletzt geprüft am 04.08.2016.

RFC 1155: Structure and Identification of Management Information for TCP/IP-based Internets. Online verfügbar unter https://tools.ietf.org/html/rfc1155#page-2, zuletzt geprüft am 31.07.2016.

Struktur der Managementinformation. Online verfügbar unter http://www.itwissen.info/definition/lexikon/Struktur-der-Managementinformation-SMI-structure-of-management-information.html, zuletzt geprüft am 31.07.2016.

RFC 1910: User-based Security Model for SNMPv2. Online verfügbar unter https://tools.ietf.org/html/rfc1910, zuletzt geprüft am 04.08.2016.

www.ingramcontent.com/pod-product-compliance
Lightning Source LLC
La Vergne TN
LVHW042316060326
832902LV00009B/1521